DE
LA CONSTITUTION

NATIONALE

DANS

L'HARMONIE POLITIQUE

ADRESSE A MONSIEUR BERTHELOT

Membre de l'Institut,
Sénateur,
Ministre de l'Instruction publique.

Tout est dans la mesure.

PONS
IMPRIMERIE DE NOEL TEXIER
—
1887

ADRESSE A MONSIEUR BERTHELOT

Membre de l'Institut,
Sénateur
Ministre de l'Instruction publique.

———

Tout est dans la mesure.

Monsieur le Ministre,

Avec tout le respect dû à votre caractère, nous voulons vous soumettre quelques considérations politiques qui, dans un pays de suffrage universel, relèvent, à notre avis, du ministère de l'instruction publique.

Ces considérations, chez nous, ne sont pas nouvelles; depuis près de trente ans déjà nous les jetons au vent de la publicité; nous allons donc simplement les rééditer, dans le style un peu carré qui nous est habituel, mais brièvement et clairement s'il nous est possible, afin d'être, en même temps que de vous-même, Monsieur le Ministre, facilement lu et compris de tous.

Il s'agit de la plus haute question d'intérêt national, de la question constitutionnelle; question maîtresse des lois et du gouvernement, conséquemment de l'ordre, de la paix, de la prospérité et de la puissance de la France.

La France, depuis un siècle déjà, a fait bien des efforts, trop souvent sanglants, pour se constituer définitivement, et elle n'y a pas encore réussi. Ne cherchons pas ailleurs que dans cette longue défaillance constitutionnelle la cause profonde des difficultés sans nombre qui assaillent chaque jour le Gouvernement français.

La constitution politique d'un pays est, exactement, son habitation sociale. Quand cette construction est large et bien établie, ses habitants s'y trouvent à l'aise et s'y sentent en sûreté, mais si elle est mal fondée, mal équilibrée, étroite et chancelante, ils y sont dans la gêne et dans l'inquiétude vague d'une catastrophe prochaine.

Cette inquiétude est aujourd'hui générale chez nous. Républicains et monarchistes, tous savent que notre constitution est, de son propre aveu, révisable, donc imparfaite; qu'il y faut des remaniements fréquents, même des reprises en sous-œuvre, opérations toujours dangereuses, et ils tremblent sous la menace perpétuelle d'un subit écroulement.

Quelle est la valeur exacte de notre constitution actuelle? Dans quel esprit a-t-elle été conçue? Par qui, pourquoi et comment a-t-elle été élevée? Quels matériaux ont servi à sa construction? — Questions oiseuses!... A quoi bon s'attarder à la critique d'une œuvre qui, se reconnaissant revisable, proclame elle-même son insuffisance et sa défectuosité!

La seule question vraiment utile à examiner est celle-ci, qui implique toutes ses secondes et les résout dans sa propre solution : Quelle est la constitution politique qui convient à la France?

A cette question des opinions divergentes s'élèvent de toute part: républicains radicaux, républicains opportunistes, royalistes de tous drapeaux, impérialistes de tous régimes, socialistes de toutes écoles et anarchistes de tous cabanons présentent à la fois des systèmes différents, quelques-uns même absolument opposés les uns aux autres.

— Pardon, Messieurs, il y a une question préalable !

Tout architecte qui fait autre chose que de l'art pour l'art se demande avant tout quelle est la destination de l'édifice qu'il projette ὲt quels en sont les futurs habitants. — Par exemple, il ne concevra pas un hôtel de famille sur le même plan qu'un hôtel de voyageurs.

Si l'on veut sérieusement doter la France de la constitution qui lui convient, il faut savoir d'abord ce que c'est que la France. — Ne sourions pas trop de la naïveté apparente de cette question; elle est tellement importante au point de vue constitutionnel que, faute de l'avoir préalablement élucidée, nous pataugeons depuis 89 dans le gâchis législatif.

La France est-elle le territoire d'un peuple ou la patrie d'une nation ?

On pense généralement qu'un peuple est la même chose qu'une nation; c'est là une erreur grave. Il y a entre le *peuple* et la *nation* toute la différence qui existe entre une famille et un groupe quelconque d'individus étrangers les uns aux autres; d'où il suit que la construction politique élevée pour un groupe populaire ne saurait convenir que très imparfaitement à la demeure d'une famille nationale. — Prouvons cette vérité essentielle; mais d'abord un mot pour prévenir une équivoque.

Il y a et il y aura toujours, dans toute société civilisée, une partie dite populaire, et cette dénomination est exacte en ce que cette partie de la société en est, pour ainsi dire, la musculature enveloppante, la partie la plus mobile, la plus remuante, la plus sujette aux changements fréquents, aux variations continuelles, parce qu'elle est plus immédiatement en contact avec le monde extérieur, dont elle s'assimile peu à peu certains éléments, les plus engagés dans sa sphère-frontière. Le mot *peuple*, n'est dans ce cas qu'un simple terme de comparaison, ne préjugeant en rien la nature intime des classes qu'il désigne, et qui n'en restent pas moins, au même titre que les classes dites supérieures, parties intégrantes du corps national.

Mais, ethnographiquement, que faut-il entendre par ces mots : peuple et nation ?

Un peuple est une société politique composée d'éléments divers, *nationalement* étrangers les uns aux autres. La Suisse est un peuple ; la population qui habite ses cantons est un composé d'Allemands, de Français et d'Italiens, nommés Suisses, mais n'en restant pas moins, de mœurs comme de langage, et même de tempérament sinon de cœur, Italiens, Allemands ou Français.

Les sociétés politiques des deux Amériques, à part peut-être le Brésil, qui fait en ce moment de louables efforts vers une nationalité problématique, sont dans le cas de la Suisse. Les Etats-Unis du nord, eux-mêmes, ne sont pas autre chose qu'une énorme et puissante agglomération d'Anglais, d'Irlandais, d'Allemands, de Français, d'Espagnols, de Nègres, de Chinois et d'Indiens aborigènes, vivant côte à côte et trafiquant à qui mieux mieux, mais conservant toujours, à travers les péripéties d'une existence aventureuse et agitée, les caractères distinctifs de leurs origines diverses.

Si le peuple se compose d'éléments hétérogènes, la nation, au contraire, porte le cachet évident d'une profonde homogénéité. La France est une nation. Ses diverses provinces se sont depuis longtemps fondues ensemble dans un même creuset social — comme du reste les provinces de l'Angleterre, de l'Allemagne, de l'Italie, de l'Espagne, de la Grèce, du Portugal, etc., etc. On dit : « La nation française »; on ne dit pas : La nation suisse; car, en vérité, il n'y a pas de nation suisse.

Assurément, toute nation a commencé par être un peuple, et tout peuple est appelé à devenir une nation, en vertu des lois de la sélection sociale, mais l'examen de ces phénomènes nous écarterait de notre sujet, que nous voulons serrer de près; aussi nous bornerons-nous, après cet exposé succinct, à formuler cette vérité rudimentaire : Sociologiquement, le peuple est à la nation ce que, physiologiquement, l'être à naître est à l'être né, à l'être parvenu à terme : une préparation embryonnaire, un précédent fœtal.

Enfin, pour dissiper sur ce point capital jusqu'à l'ombre d'un doute, nous ferons remarquer que l'agent par excellence de la sociabilité, le langage, différencie lui-même le peuple de la nation jusque dans le domaine intellectuel.

La nation a une langue qui lui est propre, le peuple n'en a pas. La nation française a la langue française ; toutes les autres nations ont la leur ; mais qui donc connaît la langue suisse, ou la langue des Etats-Unis ? — Aucun peuple n'a de langue propre, et le fait est ici absolument concluant.

On comprend donc par ce qui précède, et sans qu'il soit besoin d'y insister davantage, pourquoi une loi purement démocratique, c'est-à-dire exclusivement populaire, ne saurait convenir à une nation.

Un contrat social modifiable, une convention facultative, un pacte quelconque, suffisent à lier un peuple, mais c'est une constitution complète, invariable et parfaite dans ses proportions harmoniques qu'il faut à la nation.

Ces deux mots : constitution et provisoire, hurlent de se trouver ensemble. Avez-vous jamais vu, Monsieur le Ministre, un être parvenu à terme avec une constitution provisoire ?

Laissons donc le « révisable » à sa place, dans l'état purement démocratique des société populaires, c'est le définitif qu'il faut à la constitution de la France nationale ; et c'est précisément parce qu'elle ne l'a pas que son organisme politique fonctionne mal et que tout souffre et dépérit en elle.

Cependant le remède au mal profond qui travaille notre pays est dans nos mains ; nous possédons le suffrage universel ; nous pourrons donc, si nous le voulons bien, et dès les prochaines élections générales, l'appliquer efficacement

.et sans phrases inutiles, rien qu'en déposant dans l'urne électorale un bulletin de vote éclairé.

C'est en reprenant ici, pour l'élucider complètement, la question posée au début de cette adresse : Quelle est la constitution qui convient à la France ? que nous allons, du même coup, éclairer le futur bulletin de vote.

L'analogie nous démontre que la nation est un individu harmonique qui, par ses deux états antérieurs, la tribu et la famille, remonte à l'homme, son type primitif.

Si la nation est l'homme agrandi, la constitution de l'homme convient nécessairement à la nation.

Quelle est la constitution de l'homme ?—La physiologie va nous répondre :

Soulevant anatomiquement l'enveloppe musculaire de cette charte constitutionnelle, regardons l'homme intérieur à la lumière de la science :

Au milieu d'une structure osseuse merveilleusement équilibrée, trône le cœur, source du sang héréditaire, distribuant la vie au corps tout entier au moyen de grands et de petits vaisseaux promenant partout la circulation nourricière. Ce puissant monarque, organe de la conservation et vivante image de l'autorité, est soutenu, entouré, couronné par les grands vaisseaux ses tributaires ;

Au dessous de lui, l'estomac, puis l'intestin, tous deux activant leurs grasses fonctions économiques ;

A ses côtés, les deux poumons aérifères, reliant, par de puissantes aspirations libérales, la vie intime au monde extérieur, et recouvrant de leurs larges ailes palpitantes l'arche de l'alliance du fini avec l'infini. Et tout ce groupe protégé par la forte armature des côtes, arc-boutées dans les vertèbres et le sternum, comme par de rigides gardes du corps.

Au sommet de cette pyramide animée veille une lumière directrice, éclairant le cabinet cérébral, siège intellectuel du gouvernement. — Voilà l'homme ! ce microscome de toute philosophie clairvoyante.

Et ce temple de l'harmonie est supporté par deux colonnes articulées, par ces deux robustes portefaix, les jambes aux pieds agiles, et desservi par ces deux nobles et obéissants serviteurs, les bras aux mains laborieuses.

Dénombrons s'il se peut, à l'aide des instruments de la science, les myriades d'atomes constitutifs de ces organes et de ces membres; regardons s'agiter, circuler, se confondre et disparaître pour renaître perpétuellement l'innombrable population microscopique de ce petit état individuel, et nous aurons entrevu, par un simple coup d'œil, la grande vie nationale tout entière. Et à moins de méconnaître les lois de l'harmonie universelle il faudra bien convenir que voilà l'image de la société humaine se mouvant dans l'ordre voulu par le Créateur.

En dehors de ce modèle parfait, proposé au bon sens par l'Ordonnateur de la vie harmonique universelle, toute autre législation constitutionnelle ne saurait être qu'erreur, insuffisance ou superfétation.

Le cœur est chez l'homme le prototype de la royauté. Le cœur est le roi du corps.

Le corps ne choisit pas son cœur; l'homme ne choisit pas son père; la nation ne choisit pas son roi. L'Auteur est donné par la nature des choses, par l'hérédité, et malheur à la nation qui contreviendrait à cette grande loi analogique, elle aurait le sort de la Pologne !

Chez tout homme majeur et sage, le cœur règne et ne gouverne pas, — quoiqu'en disent et qu'en pensent certains royalistes mal inspirés.

Chez toute nation assagie et parvenue à sa majorité électorale, un roi qui gouverne n'est en réalité qu'un usurpateur.

On criera : au roi fainéant ! — Ne redoutons pas l'épithète.

En temps de paix, un roi fainéant c'est un sage. — Depuis bientôt dix ans, le scrupuleux président M. Grévy a eu le tact et la sagesse de n'être, dans son étroite sphère légale, qu'un véritable roi fainéant; ce sera là, soyons-en bien convaincus, son principal titre à la reconnaissance de l'histoire.

Dans toute famille émancipée, le père règne et ne gouverne pas, pourquoi donc un roi gouvernerait-il dans une nation libre? — D'ailleurs, quand on a dans ses attributions légitimes, la haute administration, la surveillance et la conduite des armées, le redoutable droit de grâce; le devoir imposant et délicat de la représentation intérieure et extérieure de la nation, et mille autres fonctions majestueuses, relevant spécialement de la royauté, on est en réalité un très puissant monarque et « un fainéant » fort affairé. — Nous connaissons maint spirituel frondeur « qui se la coule beaucoup plus douce ».

Autour de ce généreux foyer de chaleur et de vie : l'Autorité royale, et lui faisant un naturel équilibre, nous sentons en nous cette puissance formidable, la Liberté, ce levier du monde moral.

La liberté anoblit ou dégrade notre être, par une manière d'être qui lui est propre et qui constitue en nous la responsabilité.

Sans liberté, pas de responsabilité, et sans responsabilité pas de justice; car la justice manque de base là où défaille la responsabilité.

La liberté est donc aussi sacrée à l'homme que l'autorité; et malheur à qui salit cette couronne, et honte à qui foule aux pieds cette dignité!

La liberté publique se manifeste par le suffrage universel, ce générateur du gouvernement libre.

Tel est chez l'homme et dans la nation l'antagonisme lé-

gitime de ces deux puissances sociales : l'Autorité, la Liberté.
Il nous reste à tirer la synthèse sur ces deux principes opposés et à en concilier l'action en un principe supérieur
commun. Ce principe, c'est la Justice immanente.

L'homme soumis à l'autorité physique, mais libre dans
le domaine moral, sent encore en lui-même une troisième
puissance, divine celle-là, l'inamovible Conscience! Si l'homme est un cœur qui sent et une liberté qui agit, il est aussi
une raison qui apprécie et qui juge.

Autorité, Liberté, Jugement ; cœur, âme, conscience ; tel
est l'homme! Royauté, République, Magistrature suprême
et pondératrice ; telles doivent être les bases harmoniques
et rationnelles de la constitution nationale.

Quelques esprits chagrins remarqueront peut-être que
cette doctrine ne donne pleine satisfaction à aucun des
partis politiques qui se disputent le pouvoir en France.
Mais l'harmonie est précisément dans la mesure, et l'im-
mense bon sens du pays appréciera sans doute que tout
parti qui chercherait sa satisfaction en dehors ou au-dessus
de sa propre mesure constitutionnelle n'y saurait atteindre
que par un triomphe aussi regrettable et dangereux qu'é-
phémère. En politique comme en toutes choses, l'harmonie
ne résulte que du concert et de la proportion des parties,
et toute la science législative consiste dans la coordination
des principes propres à produire cet accord. Concilier dans
la mesure, là est tout le secret de la sociologie.

La doctrine harmonique ne donne de satisfaction exclusive à personne, cela est vrai ; mais c'est précisément dans
cet esprit de mesure et d'équité qu'est la marque de sa su-
périorité philosophique ; néanmoins, elle satisfait pleinement
au sentiment républicain puisque, par la libre pratique du
suffrage universel, elle garantit la liberté publique. Elle satisfait de même au sentiment royaliste, puisqu'elle indique,
reconnaît et consacre, dans la royauté, la base immuable et

héréditaire de l'autorité nationale. Enfin, elle satisfait aussi au sentiment impérialiste en précisant, comme suit, le point exact de la constitution de race qui comporte l'Empire :

De même que le cœur est le lien héréditaire de l'indi-vidu, le père, celui de la famille, le patriarche, celui de la tribu, et le roi, celui de la nation, l'empereur est le chef élu de la race, comme le pape est celui de l'humanité tout entière.

Ainsi, de l'homme à l'université des hommes, par la famille, la tribu, la nation et la race, la chaîne harmonique est ininterrompue. Voilà le merveilleux ensemble de la vérité naturelle qui se propose à la liberté intelligente pour assurer au monde entier, au sein de la civilisation la plus haute, la paix dans la justice et dans la fraternité.

Les races humaines peuvent se subdiviser en plusieurs branches, et c'est le cas de la race latine, c'est pourquoi l'empereur ne saurait être qu'élu.

L'Empereur latin ne pouvant appartenir à la fois à la France, à l'Italie et à l'Espagne sera, très probablement, l'élection en offre du moins la garantie, le plus sage ou le plus puissant monarque de sa race.

L'Empire, en soi, est une influence qui s'impose natu-rellement au dehors par sa vertu même, et s'exerce légale-ment par le commandement suprême dans les choses d'intérêt commun.

L'Empire, dans son entité, étant une influence person-nelle, ne saurait donc être héréditaire; à moins qu'une seule puissance royale, s'exerçant sur une race tout entière, ne fasse fléchir à son profit la rigueur de ce principe, en iden-tifiant la royauté à l'Empire, comme en Russie par exemple. En effet, si le fils hérite toujours du sang de son père, il peut bien ne pas hériter de sa sagesse ou de son esprit, et conséquemment n'exercer autour de lui qu'une faible in-fluence; de là, les raisons de l'élection attachée à l'Empire.

Pour être complet, disons un mot du gouvernement théorique du Monde et de l'influence théocratique de la Papauté.

La Papauté est harmoniquement conçue comme la paternité universelle et la royauté spirituelle du genre humain. Ce point de vue catholique nous élèverait aux plus hautes considérations religieuses, mais notre cadre nous commande de nous en tenir au sentiment religieux de la France. La chose est déjà suffisamment délicate, cependant nous serons aussi explicite que bref :

La grande majorité de notre pays a des sentiments religieux plus ou moins ouvertement manifestés. Un très grand nombre de nos concitoyens et la presque totalité de la partie féminine de la nation pratiquent la religion catholique.

Cela étant, on parle aujourd'hui de séparer en France l'Eglise de l'Etat. — Qu'est-ce que l'Eglise? et qu'est-ce que l'Etat?

L'Etat, pouvoir temporel, est à l'Eglise, puissance spirituelle, ce qu'est le corps à l'âme. — Peut on séparer le corps de l'âme?...

La question est vidée!

Chez les aliénés la séparation est à moitié faite; chez les morts, elle l'est complètement.

On invoque la liberté! elle n'est pas en cause; à l'encontre de l'obligation militaire, l'obligation religieuse se propose, mais ne s'impose pas; elle ne doit s'imposer jamais.

La religion, domaine de l'amour pur, de l'espérance et de la foi, est un refuge sacré. Que celui qui la condamne hautement et publiquement apporte aux âmes une satisfaction plus élevée, sinon nous avons le droit de ne voir en lui qu'un inconséquent.

L'unité religieuse est la plus grande force morale d'une société. La religion d'Etat s'impose donc constitutionnellement au législateur digne de ce nom.

Quand nous disons: la religion s'impose, nous n'envisageons pas telle ou telle religion, car bien que nos préférences soient rationellement acquises à la religion catholique nous ne faisons pas ici de théologie comparée, nous restons sur le terrain solide de la doctrine harmonique constitutionnelle; c'est pourquoi nous donnons cette nécessité de la religion d'Etat comme la clef de voûte de tout l'édifice national.

En effet, l'anarchie religieuse entraîne logiquement l'anarchie politique, et l'anarchie politique c'est la décomposition nationale par le désordre constitutionnel.

On a dit : « Le cléricalisme c'est l'ennemi! » —parole de sectaire. Où commence le cléricalisme? où finit-il? l'honnêteté politique n'admet pas la menace vague. L'esprit français veut la clarté.

Dites: quiconque veut imposer à autrui, par une contrainte ouverte ou hypocrite, sa pratique politique ou religieuse, celui-là est un ennemi de la liberté. Voilà parler!

Mais on n'est pas un ennemi de la patrie parce qu'on pense que la religion est secourable; non plus qu'on n'est un ennemi de la religion parce qu'on dit que la liberté est noble et sacrée.

La foi ne s'impose pas plus que l'amour; donc il n'y a pas de véritable religion sans liberté. Toutes les noblesses de notre être sont sœurs.

Au fond, la religion et la patrie sont choses identiques et méritent le même culte de tout esprit droit. La religion est la patrie de l'âme, la patrie est la religion du cœur; toutes les deux se réclament d'un père commun ; or il ne saurait y avoir deux pères communs ; donc Dieu, le père commun de l'humanité est dans le cœur du véritable patriote comme dans l'âme du vrai croyant.

Fuyons ce qui nous divise, recherchons ce qui nous unit et n'ayons désormais qu'un mot d'ordre : L'ennemi, c'est l'exclusivisme!

Ce mot de conciliation nous ramène tout naturellement au principal objet de cette adresse.

On ne parle depuis quelque temps et dans certains journaux que de renverser la République. C'est parfaitement insensé. Le royaliste qui malmène la République est aussi mal avisé que le républicain qui exile la Royauté; la démonstration en est faite.

D'un autre côté, on s'évertue à la conciliation, mais à une sorte de conciliation exclusivement démocratique, et dans le but avoué de faire échec à une moitié du pays. La Gauche se proclame inconciliable avec la Droite. Si les singuliers théoriciens de la politique exclusive voulaient se donner la peine de se regarder dans leur miroir, ils sauraient que la gauche et la droite sont loin d'être aussi inconciliables qu'ils le prétendent, puisque de l'unification de ces deux jumelles, effectuée en leur propre personne, résulte un ensemble qui leur paraît sans doute assez satisfaisant. — Irons-nous jusqu'à supposer que leur individu constitutionnel ferait peut être moins bonne figure s'il n'était « constitué que par un côté seulement ».

Vous nous pardonnerez, Monsieur le Ministre, d'avoir recours à d'aussi puériles comparaisons dans un sujet aussi sérieux, mais nous ne reculerons même pas devant l'apparence du ridicule pour débarrasser l'esprit public des erreurs funestes qui menacent d'en troubler pour longtemps la lucidité. Il paraît d'ailleurs que ce ne sont pas seulement les classes laborieuses qui péchent par ignorance de la sociologie, les classes dirigeantes elles-mêmes semblent n'avoir de cette science que des notions fort imparfaites. Nous allons apporter à l'appui de cette opinion trop fondée une preuve que vous ne récuserez pas:

On lit dans les *Souvenirs d'enfance et de jeunesse* de votre ami M. Ernest Renan, et à l'endroit où l'élégant écrivain évoque les premières années de votre intimité, aujourd'hui cinquantenaire, les lignes suivantes relatives à vos opinions respectives :

« Berthelot me fit connaître son père, un de ces caractères de médecins accomplis comme Paris sait les produire. M. Berthelot père était chrétien gallican de l'ancienne école et d'opinions politiques très libérales. C'était le premier républicain que j'eusse vu!... En politique, Berthelot resta fidèle aux principes de son père. C'est là le seul point où nous ne soyons pas toujours d'accord, car, pour moi, je me résignerais volontiers, si l'occasion s'en présentait (je dois dire qu'elle s'éloigne de jour en jour) à servir, pour le plus grand bien de la pauvre humanité, à l'heure qu'il est si désemparée, un tyran philanthrope, instruit, intelligent et libéral.

« Nos discussions étaient sans fin, nos conversations toujours renaissantes. Nous passions une partie des nuits à chercher, à travailler ensemble... Il faut que les questions sociales et philosophiques soient bien difficiles à résoudre pour que nous ne les ayons pas résolues dans cet effort désespéré. »

Voilà ce que dit le séduisant faiseur de phrases, dont nous n'allongerons pas la citation parce que nous ne faisons point ici de littérature.

Il ressort cependant de cet aveu public que tous les efforts de deux esprits supérieurs, de deux membres éminents de l'Institut de France, l'un lettré de premier ordre et l'autre savant illustre, n'ont pu aboutir, après cinquante ans de « conversations renaissantes », qu'à la discorde intellectuelle.

Lorsque deux hommes de votre valeur, Monsieur le Ministre, ne peuvent s'entendre sur un point quelconque de la sociologie, c'est qu'il existe entre eux un malentendu — malentendu que nous venons de dissiper; mais si c'est bien là l'état d'esprit des hautes classes de la société française, comment s étonner que les classes populaires en soient encore à la tour de Babel ?

Monsieur le Ministre, il est plus que temps de mettre de l'ordre dans cette confusion qui, d'un instant à l'autre, menace de provoquer chez nous un déchirement intérieur. Vous savez en outre que la paix extérieure ne tient plus qu'au souffle d'un auguste Vieillard de quatre-vingt-dix ans. Nous n'avons donc pas une minute à perdre pour nous préparer à faire front tous ensemble à de redoutables éventualités.

Si vous êtes maintenant persuadé, comme nous le sommes nous-même, que ce monde n'est pas le fait du hasard ; — qu'est-ce que le hasard ? — que le globe que nous habitons obéit à l'harmonie universelle ; que cette grande loi domine les hommes et les choses ; qu'en dehors de cette loi il ne saurait y avoir que désordre et péril, mais qu'avec la loi et dans l'ordre établi par elle tout est visiblement indiqué par l'analogie, ce merveilleux mètre de l'harmonie ; que la logique partant du vrai ne saurait aboutir qu'à la vérité ;

Qu'autrement le dernier des anarchistes aurait raison contre le plus grand génie législatif ;

Si vous considérez aussi que, Ministre de l'instruction publique, seul en ce moment vous pouvez, par un heureux privilège de situation, assurer à notre pays, menacé par la Nation de proie, ce bien inestimable, la conciliation des esprits, vous adresserez sur l'heure, et du consentement du Conseil des ministres, une circulaire didactique, conçue dans l'esprit de cette adresse, à tous les instituteurs et à tous les professeurs de France ; vous ordonnerez qu'après avoir été lue dans les Cours elle soit affichée à la porte de toutes les mairies ; vous en répandrez les exemplaires, par voie administrative, dans les villes et dans les hameaux, et, aux élections générales, très prochaines selon toute apparence, une majorité puissante se formera pour imposer au législateur les conditions constitutionnelles qui seules peuvent nous assurer à jamais la concorde et la prospérité dans la force et dans la durée.

Soyez dès aujourd'hui, Monsieur le Ministre, l'agent glorieux de notre transfiguration nationale ; rendez, d'un mot de bon sens, à la patrie française, son ancienne fraternité civique et sa vieille camaraderie militaire, gage certain de son irrésistible élan sur les champs de bataille, et bientôt, quand ses jeunes soldats, trop lougtemps provoqués, reviendront vainqueurs des bords du Rhin, leur triomphe sera votre couronne.

. Pierre Dussol.

Pons (Charente-Inférieure), 29 janvier 1887.

Imprimerie de Noël Texier, à Pons (Charente-Inférieure).